# Ce Carnet Appartient À :

.....................................................................................

www.ingramcontent.com/pod-product-compliance
Lightning Source LLC
Chambersburg PA
CBHW070535160726
48003CB00004B/1788

* 9 7 9 8 6 1 2 6 3 2 1 7 7 *